Jubal Gonçalves

Pregando Expositivamente

Jubal Gonçalves

Pregando Expositivamente

Considerações teológicas sobre o conceito reformado de pregação

CREDO EDICIONES

Cover image: www.ingimage.com

Publisher:
CREDO EDICIONES
ist ein Imprint der / is a trademark of
International Book Market Service Ltd., member of OmniScriptum Publishing Group
17 Meldrum Street, Beau Bassin 71504, Mauritius

Printed at: see last page
ISBN: 978-613-1-69061-7

JUBAL GONÇALVES

PREGANDO EXPOSITIVAMENTE

Considerações Teológicas Sobre o Conceito Reformado de Pregação como Palavra de Deus

PREFÁCIO

HERNANDES DIAS LOPES

"E, começando por Moisés, discorrendo
por todos os Profetas, expunha-lhes o
que a seu respeito constava
em todas as Escrituras" (Lucas 24.27).

SUMÁRIO

AGRADECIMENTOS

Primeiramente agradeço a Deus que incondicionalmente me resgatou do lamaçal do pecado, me dotou para o ministério da Palavra e me deu condições intelectuais e espirtuais para realizar esta pesquisa. A ele toda honra e glória.

Ao Conselho da 4ª Igreja Presbiteriana de Carapicuíba que com visão de Reino entendeu que meu ministério não devia se restringir à congregação local, mas que eu devia ser instrumento do Senhor como pesquisador e na formação de nova liderança para a igreja contemporânea.

Agradeço minhas "ovelhas" e alunos que, direta ou indiretamente, me incentivaram a produzir este texto, quer pelas demandas que me apresentaram, quer pelo desejo de terem alguns princípios registrados.

Agradeço, também, alguns amigos escritores: o Rev. João Alves dos Santos (*in memorian*), que com a competência que lhe era peculiar revisou e deu sugestões a este texto antes mesmo de eu pensar em publicá-lo, o Rev. Eguinaldo Hélio que há tempos me incentiva a publicação de um livro, o Rev Alcindo Almeida que me deu algumas dicas e se alegrou com cada passo dessa conquista e o Rev. Hernandes Dias Lopes que gentilmente escreveu o prefácio deste livro. Que o Senhor os abençoe!

E especialmente à Danielle, minha esposa, e meus, filhos Henrique e Davi, que foram privados da minha companhia muitas vezes por causa do tempo investido na pesquisa e escrita deste livro. Que eu consiga demonstrar meu amor por eles a cada dia.

PREFÁCIO

Tenho a subida honra de prefaciar esta preciosa obra, PREGANDO EXPOSITIVAMENTE, da lavra do meu amigo e ilustre ministro do evangelho, Jubal Gonçalves. Algumas razões eloquentes me movem para isto.

Primeira, porque Jubal escreve não como um teórico, mas como alguém que milita nessa seara com vibrante ardor. Jubal é um pregador. Consagrou sua vida para esse nobilíssimo ministério. Foi chamado para pregar. Prepara-se constantemente para pregar e continuará pregando. A pregação é sua missão e sua paixão.

Segunda, porque a vida do autor credencia a sua obra. Em outras áreas da vida é possível que um indivíduo alcance êxito em sua obra, mesmo vivendo pessoalmente em desconexão com o que faz. Não é assim com o pregador. A vida do pregador é a vida de sua pregação. A vida do Jubal é avalista de suas palavras. Ele é um homem de Deus, cuja vida recomenda sua obra.

Terceira, o autor trata de um assunto vital para a igreja e para o mundo. A pregação é a mais nobre tarefa que um homem pode realizar na vida. A pregação é a maior necessidade da igreja e por conseguinte, do mundo. O autor trata desse momentoso tema e o desenvolve com perícia invulgar.

Quarta, porque o autor destaca a primazia da Pregação Expositiva. A Pregação Expositiva está firmada sobre o tripé: leitura do texto, explicação do texto e aplicação do texto. O sermão expositivo conecta o texto antigo ao ouvinte contemporâneo. A Pregação Expositiva não é a imposição dos pressupostos humanos ao texto, mas o exame meticuloso do texto, para extrair dele, o que nele está para a salvação dos pecadores e a edificação da igreja.

Quinta, porque o autor compulsa obras de grande envergadura sobre o assunto, fazendo uma espécie de revisão de literatura e brindando seus leitores com a mais atualização reflexão sobre o assunto.

Minha convicção é que este livro enriquece a literatura evangélica brasileira e será uma ferramenta útil para todos aqueles que amam a palavra de Deus e estão empenhados em pregá-la expositivamente, com conhecimento e fervor. Boa leitura!

Hernandes Dias Lopes

INTRODUÇÃO

Pregação Expositiva é um assunto urgente. É de fundamental importância que a igreja contemporânea se comprometa com esse princípio, a fim de louvar o Senhor com a edificação dos crentes e resgate de impíos. Por essa razão, salientaremos a importantância de se interpretar e expor o texto sagrado com fidelidade.

É necessário considerar o ensino correto de cada texto e pregá-lo objetivamente, argumentando didaticamente a grande lição exposta no livro com suas devidas aplicações. Mas para conceituarmos e entendermos a importância da Pregação Expositiva é necessário que antes entendamos o conceito de Pregação como Palavra de Deus e suas implicações.

Os pregadores precisam ser comissionados e habilitados pelo Senhor, para que possam interpretar e expor as Escrituras fielmente. A Bíblia é a revelação especial de Deus e sua mensagem é o meio pelo qual o Espírito a usa para regenerar corações.

A necessidade de se resgatar o princípio de que a pregação fiel das Escrituras é a Palavra de Deus é inegável. Infelizmente, o que tem sido considerado como pregação bíblica por igrejas contemporâneas muitas vezes está longe de ser uma exposição fiel das Escrituras.

Todo pregador precisa compreender que Deus fala através da pregação fiel das Escrituras, a fim de exercer com fidelidade seu ofício, conduzindo seus ouvintes à obediência a Cristo. Embora os pregadores não sejam inspirados, é necessário que tenham consciência da natureza divina do seu trabalho, interpretando, pregando e vivendo os princípios bíblicos, para cumprirem com excelência o ministério que o Senhor os confiou. Todo pregador deve partir da premissa de que, se corretamente exercida, a Pregação é Palavra de Deus.

Para confirmar essa ideia, abordaremos o conceito bíblico de Palavra de Deus, a partir do resgate que a Reforma Protestante fez desse ensino, destacando a autoridade da pregação no Antigo e Novo Testamentos, que é decorrente da autoridade das Escrituras e, evidenciado, também, na prática eclesiástica, fazendo um contraponto com a realidade de que um bom número dos púlpitos da igreja contemporânea está repleto de sermões de auto-ajuda ou meramente de apelos morais, conforme a opinião deste autor.

O segundo capítulo deste livro tratará de aspectos práticos da pregação, que ajudam a definir e apontar para a importância da Pregação Expoisitva, a partir de implicações do conceito de Pregação como Palavra de Deus vistas a partir dos seguintes pontos:

Na comissão de pregadores, tema que aborda a dotação divina e a consequente autorização de Deus, dada através da igreja, para alguém ser um expositor das Escrituras, e, por conseguinte, quais as exigências para se assumir o púlpito sagrado;

Na necessidade de uma correta interpretação do texto bíblico, fruto de oração e trabalho exegético. Aqui serão delineados alguns pressupostos da exegese para que não reste dúvida sobre o que seja uma "exegese genuína", justamente porque o Senhor comunica a sua vontade através da exposição fiel do ensino bíblico;

Na necessidade de iluminação e capacitação do Espírito Santo. As pessoas não são salvas da perdição eterna e edificadas através de argumentos humanos, e sim, pelo poder da atuação do Espírito de Deus.

Na necessidade de vida espiritual da parte do pregador. Embora o Senhor use quem ele quer como instrumento para a regeneração de alguém, ele costuma usar os seus filhos, que transmitem a mensagem que salva através de palavras e exemplo.

Na importância da Pregação Expositiva. Neste ponto, após ser abordado o conceito reformado de pregação e algumas de suas implicações, se definirá Pregação Expositiva, que é o mesmo que pregação fiel, e será apresentada também algumas vantagens além da necessidade de se pregar desse modo para se ser fiel na entrega da mensagem do Senhor.

Na necessidade de uma interpretação cristocêntrica, para não se perder a oportunidade de apresentar Jesus Cristo, o cerne das Escrituras, na aplicação das mensagens. Partindo da premissa de que Cristo é encontrado em todas as perícopes na Bíblia. Não há como se pregar expositivamente sem ser cristocêntrico.

Na importância da aplicação, que consiste em tornar a mensagem simples e prática para todos os ouvintes. A aplicação é fundamental para que barreiras lingüísticas, culturais e sociais entre o período bíblico e o atual sejam transpostas. Infelizmente, do meu ponto de vista, boa parte dos pregadores atuais não tem dado a importância devida a este assunto. E não se ter cuidado com a aplicação dos sermões é desperdiçar a exegese feita. A Pregação Expositiva deve se preocupar com aplicações claras e diretas.

É importante, ainda, esclarecermos que o termo "pregação", usado ao longo deste livro, sempre será em referência à exposição do texto sagrado como palavra oficial da igreja, e não em referência à obra da evangelização em geral. A ênfase desta obra está na pregação bíblica oficial, como ministério da Igreja, exercida por pessoas autorizadas e devidamente preparadas intelectual e espiritualmente.

O meu desejo é que este livro seja útil à igreja contemporânea, trazendo à mente dos pregadores o conceito bíblico de pregação, levando-os ao zelo por sua vida espiritual e estudo profundo das Escrituras e motivando-os a buscar o poder do alto para pregarem expositivamente.

1 O CONCEITO DE PREGAÇÃO COMO PALAVRA DE DEUS

Este primeiro capítulo analisará a natureza da pregação em seu conceito escriturístico, princípio básico para o conceito de Pregação Expositiva. Uma das coisas mais importantes para um pregador é ter consciência da verdadeira natureza de seu ofício. Portanto, consideraremos a ideia de pregação como Palavra de Deus vista na sua autoridade decorrente da autoridade das Escrituras; e, também, evidenciada na história da igreja. Mas antes será necessário, mesmo que brevemente, averiguarmos o conceito de Palavra de Deus.

O Conceito de Palavra de Deus

Em 2 Timóteo 3.16-17 o apóstolo Paulo registrou o seguinte: "*Toda a Escritura é inspirada por Deus e útil para o ensino, para a repreensão, para a correção, para a educação na justiça, a fim de que o homem de Deus seja perfeito e perfeitamente habilitado para toda boa obra*". A Bíblia foi "soprada" por Deus (qeo,pneustoj). Fazendo uso de homens, e de seus respectivos vocabulário e cultura, o Senhor "soprou" sua vontade, registrando e preservando o texto sagrado. E é devido a esta sua natureza divina que as Escrituras são "autoritativas", isto é, possuem a autoridade intrínseca de Palavra de Deus.

A Confissão de Fé de Westminster sumariza o ensino bíblico acerca da Sagrada Escritura da seguinte forma:

> Ainda que a luz da natureza e as obras da criação e da providência manifestam de tal modo a bondade, a sabedoria e o poder de Deus, que os homens ficam inescusáveis, todavia não são suficientes para dar aquele conhecimento de Deus e de sua vontade, necessário à salvação; por isso foi o Senhor servido, em diversos tempos e diferentes modos, revelar-se e declarar à sua Igreja aquela sua vontade; e depois, para melhor preservação e propagação da verdade, para o mais seguro estabelecimento e conforto da Igreja contra a corrupção da carne e a malícia de Satanás e do mundo,

foi igualmente servido fazê-la escrever toda. Isto torna a Escritura Sagrada indispensável, tendo cessado aqueles antigos modos de Deus revelar a sua vontade ao seu povo.[1]

A Bíblia é a Palavra de Deus. É a revelação especial do Senhor, através da qual o Espírito Santo restaura os eleitos de um estado de morte espiritual, comunicando a vontade divina e reconciliando-os com o Criador. Somente as Escrituras são capazes de transmitir conhecimento salvífico aos homens.

Por isso Deus quis que a transmissão de sua vontade desde o período patriarcal fosse registrada para que todo o mundo tivesse acesso ao ministério da reconciliação. A vontade divina, transmitida através dos profetas e apóstolos, continuou sendo registrada até o fechamento do cânon e pregada por aqueles que foram dotados para serem voz de Deus.

A essência dessa autoridade das Escrituras está no fato do Senhor manifestar seu poder dinâmico ao identificar seu Filho com a Palavra (Jo 1.1). A Palavra e o Filho são inseparáveis, assim como Deus e sua Palavra são inseparáveis. O que a Bíblia diz é o que Deus diz. As Escrituras foram inspiradas pelo Senhor (2Tm 3.16-17). A Bíblia é a revelação especial de Deus; a forma pela qual o Senhor comunica a sua vontade à humanidade. Por isso, não há diferença entre o que está registrado nas Escrituras e a vontade divina.[2]

O Conceito de Pregação como Palavra de Deus

Embora o termo inspiração se refira à escrituração da revelação especial, podemos considerar que a exposição fiel das Escrituras é Palavra de Deus no sentido

---

[1]**CONFISSÃO DE FÉ, O Catecismo Maior, O Breve Catecismo.** São Paulo: Casa Editora Presbiteriana, 1991, p. 3.

[2]CHEUNG, Vicent. **A Bíblia, o Pregador e o Espírito**. Boston: The Reformation Minister International, 2005, p. 7.

de que ela comunica os preceitos divinos. A seguir consideraremos alguns aspectos pelos quais o conceito de pregação fiel pode ser visto como Palavra de Deus.

Visto na sua Autoridade decorrente da Autoridade das Escrituras

A autoridade da pregação não é propriamente dela, mas, decorre da inspiração das Escrituras, tema abordado no ponto anterior. Ou seja, se a Bíblia é a Palavra de Deus e possui a autoridade dele, sua fiel interpretação e exposição transmitem essa autoridade, sendo o poder de Deus para a salvação (Rm 1.16).

A autoridade da pregação é derivada e subordinada à autoridade da Bíblia. Romanos 1.16 não se refere meramente à Palavra escrita, pois em seu contexto, especificamente em Romanos 10.8-10, o apóstolo Paulo disserta a respeito da "palavra de fé que pregava" e que era poderosa para a transformação dos perdidos.

O Senhor Jesus se faz presente na igreja através da exposição fiel das Escrituras, pela qual os eleitos são salvos e a igreja é edificada. A autoridade e a eficácia da mensagem pregada residem no poder das Escrituras e não na argumentação do pregador.[3] Daí a necessidade de se pregar todo o conselho de Deus (At 20.27).[4]

Conforme Calvino, muitas são as evidências extraídas da Bíblia a respeito da autoridade da pregação decorrente das Escrituras. Contudo, conforme o reformador, o testemunho interno do Espírito Santo no coração daqueles que se rendem aos pés da cruz é a verdadeira evidência de que Deus fala através das Escrituras, o que independe de eloqüência, ou sabedoria humana[5], conforme Paulo apresentou em 1

---

[3]ANGLADA, Paulo. **Introdução à Pregação Reformada**. Ananindeua: Knox, 2005, pp. 67 e 62.

[4]CALVIN, John. **Commentary on the Acts of the Apostles**. Oregon: Ages, Henry Beveridge, 1998, pp. 25-26.

[5]CALVINO, João. **As Institutas vol.1.Edição especial com notas para estudo e pesquisa [tradução Odayr Olivetti]**. São Paulo: Editora Cultura Cristã, 2006, p. 72.

Coríntios 2.4: *"A minha palavra e a minha pregação não consistiram em linguagem persuasiva de sabedoria, mas em demonstração do Espírito e de poder".*

Considerando que esse conhecimento salvífico se dá a partir do conhecimento obtido pelo texto inspirado, concluímos que a interpretação correta das Escrituras comunica a vontade divina. Isaías disse: *"assim será a palavra que sair da minha boca; não voltará para mim vazia, mas fará o que me apraz, e prosperará naquilo para que a designei"* (Is 55.11). Segundo Calvino, neste texto Isaías ressalta a importância do pregador como instrumento dócil nas mãos de Deus, útil para a salvação, ou condenação. A pregação é eficaz tanto para a salvação dos crentes quanto para a condenação dos ímpios. A pregação fiel é Palavra de Deus. [6]

Comentando esse conceito de pregação desenvolvido por Calvino, T. Parker assevera que a pregação é a Palavra de Deus porque transmite a mensagem bíblica: a vontade do Senhor[7]. Então, quando os pastores, portadores fiéis da mensagem divina, são rejeitados é como se o próprio Deus fosse rejeitado[8]. Isso não quer dizer que a mensagem bíblica torna os pregadores infalíveis, nem que sua autoridade seja baseada naquilo que são, fazem ou dizem, mas, sim, na Palavra divina que interpretam e transmitem. Todo pregador deve ser rejeitado se sua pregação não estiver em conformidade com a lei do Senhor. Assim, ainda que a pregação fiel das Escrituras transmita segurança e autoridade ao mensageiro, os méritos são do Senhor e não dele; a autoridade é de Deus e não do pregador.

A máxima de que a exposição fiel das Escrituras é Palavra de Deus é evidenciada na história e no texto sagrado desde o Antigo Testamento, em narrativas

---

[6]CALVIN, John. Commentary on the Book of the Prophet Isaiah, vol. iv, p. 172. Série: Calvin's Commentaries , vol. VIII. Grand Rapids: Baker Books, 2003.

[7] PARKER, T.H.L. **Calvin´s Preaching**. Westminster: John Knox Press, 1992, p. 23.

[8]CALVINO, João. **Instrução na Fé**. Goiânia: Editora Logos, 2004, p. 86.

que relatam o trabalho de homens comissionados para pregar em nome do Senhor e esse é o próximo aspecto a ser considerado.

Visto na História da Pregação.

Um bom exemplo do Antigo Testamento acerca da exposição fiel das Escrituras como exposição da Palavra de Deus está em Neemias, capítulo 8. Conforme o verso 1°, era o sétimo mês judaico, que corresponde ao nosso mês de setembro, ocasião para festas religiosas, mês do Dia da Expiação e da Festa dos Tabernáculos. A cada sete anos os judeus paravam suas atividades para estudar integralmente a lei do Senhor. O povo estava obedecendo ao que Deus havia ordenado através de Moisés em Deuteronômio 31.9-13. Relata o texto de Neemias que o povo se reuniu como um só homem para ouvir a lei de Moisés, lida pelo escriba Esdras (v.1). O escriba era uma espécie de secretário perito em livros, tecnicamente treinado na lei de Deus, com a finalidade de ensiná-la. E de um púlpito de madeira Esdras realizou o seu trabalho (v.4).

O verso 8 do texto narra o seguinte: "*Leram no livro, na Lei de Deus, claramente, dando explicações, de maneira que entendessem o que se lia*". A interpretação mais natural dessa passagem é a de que foi o próprio Esdras quem leu e explicou o texto[9]. A ideia de "explicar claramente" o texto é a de torná-lo distinto ou separado. Além de Esdras traduzir o texto do hebraico para o aramaico, provável dialeto falado naquela época em Israel, o texto era explicado ao povo que se reunia para aprender de Deus.

Dentre alguns exemplos do Novo Testamento sobre a pregação ser Palavra de Deus pode-se registrar o ministério do apóstolo Paulo, com seu zelo e preocupação

[9]KIDNER, Derek. **Esdras e Neemias Introdução e Comentário**. São Paulo: Edições Vida Nova, p. 116.

em expor o texto sagrado. O livro de Atos salienta que Paulo fazia questão de pregar a Cristo nas sinagogas (At 9.20; 17.17; 18.19), e também nas praças (At 17.18). O apóstolo não apresentava suas próprias elucubrações; não apresentava um discurso puramente filosófico; mas apresentava Cristo através das Escrituras, como se depreende de Atos 17.2, pois esta é a mensagem que pode regenerar verdadeiramente os corações.

Ao longo da história da Igreja, mesmo após o fechamento do cânon, também podemos destacar outros exemplos de que a pregação fiel é Palavra de Deus. A seguir serão apresentados certos contextos da história em que alguns pregadores fiéis se levantaram.

Segundo MaCarthur, no período da igreja cristã antiga, 100-476 d.C., a Pregação Expositiva entrou em desuso pelo fato da liderança da igreja preferir a filosofia grega aos princípios bíblicos. As preleções não tinham por base as Escrituras, e sim a filosofia. Os sermões eram informais e muito mais avaliados pela oratória do pregador do que por sua fidelidade ao texto sagrado. Daí o uso de alegorias.[10]

Conforme Broadus, a pregação leiga era bastante comum. O trabalho laico sempre foi de fundamental importância para o desenvolvimento da igreja. Entretanto, quando um erudito era convertido, ele se colocava diante da congregação e pregava sem se preocupar com um estudo preparatório. O problema destacado aqui é o descuido para com um estudo sério das Escrituras. Mesmo diante de condições intelectuais necessárias para um estudo profundo da Bíblia, preferia-se ter meramente a oratória e a imaginação como base para a exposição do texto sagrado a se fazer uma exegese correta.[11] Exceção a essa prática era Crisóstomo, que expunha

---

[10]MaCARTHUR, Juan, Jr. **El Redescubrimento de la Predicación Expositiva**. Barcelona: Editorial Caribe,1996, pp. 60-61.

[11]BROADUS, John, A. **Historia de la Predicacion**. El Paso: Casa Bautista de Publicaciones, pp. 39-40.

a Bíblia verso por verso, sendo conhecido como "boca de ouro", e realizava seu trabalho coerentemente com a sua dotação para o ministério da Palavra.[12]

No período da Idade Média (476-1500 d.C.) boa parte dos pregadores continuou usando o método alegórico, que consiste em espiritualizar o texto, ignorando as regras hermenêuticas, praticando uma interpretação descomprometida com a mensagem original do autor. Contudo, alguns pregadores, como John Wyclif (1330-1384), rechaçaram este método, abrindo caminho para a posterior Reforma Protestante.[13]

O período da Reforma teve por base o princípio da centralidade da Bíblia, destacando a necessidade e importância de uma exposição fiel do texto sagrado. Princípios como *Sola Deo Gloria*, *Sola Gratia* e especialmente *Sola Scriptura* foram fruto de um estudo profundo da Bíblia. Martinho Lutero, por exemplo, se converteu em meio a seus esforços para aprender e expor o texto bíblico.[14]

Calvino, por sua vez, relutou em aceitar sua dotação divina para ser pregador. Ele sabia que transmitir a Palavra de Deus era um grande privilégio, mas tinha consciência, também, de que era uma grande responsabilidade. É nesse sentido que D'Aubiné relata o seguinte a respeito do reformador:

> Diversos cidadãos de Orleans abriram suas casas para ele, dizendo: "Venha e ensine abertamente sobre a salvação do homem". Calvino esquivou-se. "Não perturbem minha tranqüilidade", e ele respondeu: "deixem-me em paz" ... Mas essas almas, sedentas pela verdade, não desistiram tão facilmente. "Uma resposta das trevas!", replicaram os mais calorosos; "uma paz ignóbil. Vem e prega!". Calvino lembrou as palavras de Crisóstomo: "Embora mil pessoas venham a chamar-te, pensa nas tuas fraquezas, e só obedece sob constrangimento". "Pois bem, então, nós te constrangemos", responderam seus amigos. "Ó Deus! O que queres de mim?' Calvino exclama nesses momentos."Por que me persegues? Por que me conturba, sem nunca me dares descanso?

---

[12]Ibid, p. 62.

[13]Ibid, p. 63.

[14]Ibid, p. 64.

Por que, contrariando a minha vontade, me colocas em evidência...?" Calvino desistiu, entendendo que era seu dever proclamar o evangelho. [15]

A princípio o reformador relutou em aceitar este ministério de ser pregador, mas depois foi convencido a aceitá-lo.

O conceito calvinista e reformado acerca da natureza da pregação é derivado do conceito reformado de Palavra de Deus, que é o seguinte: A Bíblia é a Palavra escrita; Cristo é a Palavra encarnada; a Santa Ceia é a Palavra representada e a Pregação é a Palavra proclamada.[16]

A pregação deve estar de acordo com o texto sagrado. Citando Calvino, Parker considerava que a atividade primordial do pastor é expor com simplicidade e fidelidade as Escrituras, sendo voz de Deus. Daí o reformador ter exclamado: "Não usem alegorias fantasiosas. O pregador é o servo da mensagem".[17]

Martinho Lutero, por sua vez, considerava a pregação como o trabalho mais importante do mundo.[18] Em relação ao culto público, por exemplo, ele chegou a dizer que a pregação da Palavra é mais importante que sua leitura, devido ao contexto em que ele vivia, que não tinha as Escrituras como centro do culto. [19] Por mais fiel que seja o pregador, ele é passível de erros. A Bíblia, por outro lado, é inerrante. As Escrituras são inspiradas, o pregador não.

Entretanto, não há dúvidas de que a leitura e exposição das Escrituras devem estar no centro do culto público. Toda liturgia deve estar baseada na mensagem

---

[15]D'AUBINÉ, M. **The Reformation in the time of Calvin vol.2**. Rapidan: Hartland Publication, 1999, p. 36 [Tradução Minha].

[16]ANGLADA, Paulo. **Vox Dei: A Teologia Reformada da Pregação.** In: Fides Reformata, vol. IV. São Paulo: CPAJ, 1999, p. 147.

[17]PARKER, T.H. *op.cit.* p. 35.

[18]LUTERO Apud. LOPES, Hernandes, D. A **Importância da Pregação Expositiva Para o Crescimento**. São Paulo: Candeia, 2004, p. 48.

[19]LUTERO Apud. FANT, C.E. **20 Centuries of Great Preaching**. In: Encyclopedia of Preaching vol.2. Waco: Word Books, 1971, p. 9.

pregada. Os cânticos e as orações têm sua importância fundamental no culto público, mas a pregação é que deve orientar cada parte da liturgia, de modo que a leitura e exposição do texto bíblico sejam o clímax da adoração pública. Enquanto no Antigo Testamento os sacrifícios, que apontavam para Cristo, eram o centro do culto, no Novo a pregação é o centro. Os sacrifícios apontavam para Cristo, que agora é proclamado através das Escrituras.

Tratando ainda de seu pensamento a respeito da pregação, em um documento intitulado "O Direito e Autoridade de uma Assembléia ou Comunidade Cristã de Julgar toda Doutrina, Chamar, Nomear e Demitir Pregadores – Fundamento e Razão da Escritura", que Lutero elaborou em resposta ao pedido de orientação da comunidade de Leisnig sobre como organizar uma igreja, ele afirmou "que a comunidade cristã deve ser reconhecida, sem sombra de dúvidas, na pregação do Evangelho puro".[20] Então, diante da natureza da pregação, é importante que os pregadores sejam claros a todas as pessoas e valorizem tanto sua vida acadêmica como a espiritual.

É por causa dessa ideia de pregação que hoje temos Bíblias abertas nos púlpitos de muitas igrejas reformadas. Essa prática teve início no século 16 e teve também certa ênfase no movimento puritano, simbolizando a importância das Escrituras no culto público.

Do período moderno podemos destacar alguns pregadores puritanos como John Hall (1574-1656), Thomas Goodwin (1600-1680), Richard Baxter (1615-1691) e John Owen (1616-1683). Todos esses tinham um profundo senso da presença de Deus, expondo o texto sagrado sob a premissa de que a pregação fiel é voz de Deus. [21]

---

[20]LUTERO, Martinho. **Obras Selecionadas vol.7**. São Leopoldo, Editora Sinodal, 2000, p. 28.

[21]MaCARTHUR, John. **Rediscovering Expository Preaching**. Dallas: Word Publishing, 1992, p. 52.

Ao longo da história da igreja os expositores fiéis ao texto bíblico foram a minoria. Contudo, o Senhor sempre levantou homens fiéis à sua Palavra, que entendiam a importância de se expor o texto sagrado para se conhecer a vontade divina, sendo instrumentos para a conversão de almas e a edificação da igreja de Cristo, como voz de Deus.

2 AS IMPLICAÇÕES DA PREGAÇÃO COMO PALAVRA DE DEUS

Boa parte da igreja contemporânea tem desaprendido como reconhecer uma pregação bíblica. Alguns dos homens que têm sido reconhecidos como grandes pregadores psicologizam seus púlpitos, falam coisas que o texto exposto não ensina, ainda que muitas vezes verdadeiras, e estão mais preocupados com o pragmatismo do que com a fidelidade à Bíblia.

Para que esses erros não sejam cometidos é muito importante que os pregadores que queiram servir o Senhor em tão sublime ofício apliquem os princípios bíblicos a respeito da pregação em seu ministério.

A seguir consideraremos as implicações do fato da pregação ser Palavra de Deus, que podem ser:

Vistas na Comissão de Pregadores

Por comissão se faz referência aqui a Deus habilitar algumas pessoas para a função de pregador e à conseqüente ordenação feita pela igreja. Joseph Alleine era de opinião que se alguém é capaz de viver sem o ministério não deve se aventurar nele. O pregador não deve encarar este ofício como uma mera função. Ele deve desejar ardentemente ocupar o púlpito, domingo após domingo. Ele deve ter a consciência de ter sido dotado por Deus para pregar. [22]

Um texto que serve para ilustrar a necessidade de uma dotação divina para se ocupar o púlpito é o de Romanos 1.1. Comentando-o, Calvino defendeu que o termo traduzido por *"servo"* indica o ofício de ministro da Palavra. Segundo ele, Paulo usou a expressão para salientar que havia sido autorizado por Deus para pregar, em face dos questionamentos levantados pelos hereges acerca da sua apostolicidade[23].

E ainda, segundo Calvino, o termo traduzido por *"pregador"* no Novo Testamento (1Tm 2.7, 2Tm 1.11) designa um porta-voz especialmente comissionado para a proclamação pública oficial da vontade de Deus, o que dá base para restrições ao exercício desta tarefa. Não é qualquer pessoa que pode pregar.[24]

A questão levantada por Calvino sobre quem pode subir ao púlpito de uma igreja e pregar deve ser considerada cuidadosamente, conforme o contexto de cada igreja. Este autor é de opinião que é admissível que leigos preguem, ou por falta de comissionados, ou para testar suas aptidões; todavia, esse conceito de Calvino é muito importante para se delinear princípios gerais e para que a natureza da pregação não seja esquecida. Portanto, a pregação é uma tarefa restrita aos ordenados para essa sublime obra, sendo função essencial do ministério pastoral[25].

Há alguns aspectos que evidenciam essa dotação para pregar: habilidades, desejo intenso de realizar a obra e testemunho da igreja. Essa dotação é confirmada pelo Espírito Santo no coração dos seus servos. Por isso, ninguém deve assumir um ofício público na igreja sem ser habilitado por Deus para tal tarefa.

---

[22]ALLEINE, J. Apud. SPURGEON, Charles, H. **Lições aos Meus Alunos vol.2**. São Paulo: PES, 1990, p. 29.

[23]CALVINO, João. **Romanos.** São Paulo: Edições Paracletos, 1997, p. 40.

[24]CALVINO, João. **As Institutas - Edição especial com notas para estudo e pesquisa**, vol.4. [tradução Odayr Olivetti]. São Paulo: Editora Cultura Cristã, 2006, p. 76.

[25]CALVINO, John. **Commentary on the Acts of the Apostles**. Oregon: Ages, 1998, p. 52.

Em suas Institutas, Calvino abordou esta questão dizendo que "deve haver bom critério para discernir os verdadeiros pastores, para que não haja precipitação em receber de imediato como pastores os que assim são chamados". É a igreja que deve, baseada nas Escrituras, reconhecer quem recebeu habilidades para pastorear o rebanho de Deus.[26]

Gilbert Guffin observa a necessidade da dotação divina para pregar da seguinte forma:

> É de vital importância para uma compreensível preparação do ministro o fato de que ele tenha um profundo e verdadeiro senso de seu chamado. Aquele ministro que não tem profunda convicção de um divino chamado, ao longo do tempo perderá seu senso de urgência do seu ministério e poderá vir a falhar.[27]

O ministro convicto do seu trabalho não desistirá do sagrado ministério, mesmo em meio às dificuldades, pois ele será revestido do poder do alto. Contudo, essa convicção se dará mediante a confirmação do Espírito no seu coração e, também, através do testemunho da igreja.

Considerando o ministério da pregação, Jerry Vines assevera:

> Todo pregador precisa estar certo do seu chamado; essa consciência fará com que ele se disponha e seja capaz de pagar o preço desse trabalho árduo. Sua perspectiva acerca do seu chamado para pregar determina profundamente sua aproximação do púlpito. Se você é pregador efetivo do evangelho, você precisa entender que tem um chamado profético. Pregue com o senso de que Deus está pregando através de você[28].

Há uma estreita relação entre a natureza da pregação, a dotação e o preparo do pregador. Todo pregador deve cuidar para não perder de vista este senso de que deve ser apenas um instrumento de Deus. Em tempo algum o púlpito deve ser considerado um lugar trivial.

---

[26]CALVINO, João. **As Institutas vol.4**. **Edição especial com notas para estudo e pesquisa** [Tradução Odayr Olivetti]. São Paulo: Editora Cultura Cristã, 2006, p. 125.

[27]GUFFIN, Gilbert, L. **Called of God**. Boston: Christopher Publishing House, 1951, pp. 37-38 [Tradução Minha].

[28] VINES, Jerry. **Power in the Púlpit**. Chicago: Moody, 1999, p. 46 [Tradução Minha].

Quanto às habilidades do pregador, ninguém é dotado por Deus para pregar o evangelho por ser incapaz de desenvolver outras atividades. Não há dúvidas de que um vocacionado para o ministério terá as aptidões para esse ofício. Até é possível que Deus chame alguém através do insucesso em outras áreas. Entretanto, Deus usa na sua obra pessoas talentosas. Homens que, além de capacitados para exercer o ministério, poderiam também desenvolver outras atividades.

Segundo Calvino, além do registro da sua revelação especial o Senhor comissionou profetas para interpretarem a sua Palavra[29]. Se a pregação deve ser a manifestação da vontade divina ao seu povo, o pregador deve entender que foi habilitado por Deus para ser servo de sua mensagem, que conforme já foi considerado, deve ser entregue em nome de Deus. Portanto, o pregador não deve transmitir suas meras elucidações.[30] Deus comissiona pregadores não para exaltá-los e sim para exaltar-se, assevera Spurgeon.[31]

W.E Sangster descreve esse comissionamento da seguinte forma:

> Chamado para pregar! Comissionado por Deus para ensinar a Palavra! Um arauto do grande Rei! Uma testemunha do Evangelho Eterno! Poderia qualquer ministério ser mais elevado e santo? Para esta suprema tarefa Deus enviou seu Filho unigênito (...) Pregar as Boas Novas de Jesus Cristo é a atividade mais elevada, mais santa a que o homem pode entregar-se: uma tarefa que os anjos talvez invejem e por causa da qual os arcanjos poderiam esquecer a corte do céu.[32]

Não há dúvidas de que é um privilégio imensurável ser comissionado por Deus para ser um expositor das Escrituras. Contudo, privilégios costumam ser acompanhados de responsabilidades. Por isso nenhuma pessoa tem o direito de se intitular ministro do evangelho, a menos que seja dotada e reconhecida pela igreja para tal tarefa. E os ministros comissionados por Deus, através da igreja, não podem deixar de fazer o

[29]CALVINO, João. **As Institutas - Edição especial com notas para estudo e pesquisa,** vol.1. [Tradução Odayr Olivetti]. São Paulo: Editora Cultura Cristã, p. 69.

[30]PARKER, T.H.L. op.cit., p. 35.

[31]SPURGEON, Charles, H. **Lições aos Meus Alunos vol.1**. São Paulo: PES, 1990, p. 25.

[32] SANGSTER, William, E. **The Craft of Sermon.** Londres: Epworth, 1954, p. 297 [Tradução Minha].

melhor no desenvolvimento do seu ministério, pois o pregador fiel das Escrituras é voz de Deus.

Vistas na Necessidade de Uma Correta Interpretação das Escrituras

Devido à natureza divino-humana das Escrituras o pregador deve se esmerar no estudo da Bíblia. Convencido do princípio da *Vox Dei*, Calvino tinha o cuidado de extrair das Escrituras o seu verdadeiro significado. É por isso que ele é conhecido como o pai da exegese, o exegeta da reforma, o maior exegeta de todos os tempos, o príncipe dos expositores[33].

O princípio reformado de interpretação ensina que, em meio à dificuldade de se interpretar um texto, deve-se recorrer a outro texto bíblico sobre o assunto que seja mais claro, e ainda, deve-se analisar o ensino de toda a Escritura sobre o assunto. Daí a famosa frase de Lutero: "a Escritura interpreta a si mesma".[34]

Sob a alegação de que é impossível não haver subjetividade na interpretação do texto sagrado, alguns estudiosos, mal preparados ou mal intencionados, justificam a prática de impor suas preferências e necessidades ao texto sagrado. Sobre isso, Wiersbe afirma:

> O processo de interpretação precisa ter sua subjetividade minimizada o máximo possível. Para ser correto, queira ser um instrumento nas mãos do Senhor. Mas alguns elementos da subjetividade sempre estarão presentes. Porque temos uma vida imperfeita, nós sempre traremos a certos textos nossas ideias, influências culturais, cosmovisões limitadas, e outros fatores que formam nossos paradigmas hermenêuticos[35].

---

[33]FERREIRA, W.C. **Calvino: Vida, Influência e Teologia**. Campinas: Luz Para o Caminho, 1985, p. 162.

[34]LUTERO Apud. GREIDANUS, Sidney. **Pregando Cristo a Partir do Antigo Testamento**. São Paulo: Editora Cultura Cristã, 2006, p. 134.

[35]WIERSBE, Warren, W. **Preaching and Teaching with Imagination**. Grand Rapid: Baker, 1994, p. 25 [Tradução Minha].

Não há dúvidas de que o comentário acima não serve para justificar a subjetividade na interpretação do texto bíblico, e sim, minimizar ao máximo possível qualquer espécie de subjetividade. Embora seja muito difícil se aproximar do texto bíblico sem pressupostos e sem qualquer espécie de teologia pré-concebida, faz-se necessário renunciar opiniões pessoais quando, confrontadas com o texto sagrado, elas se mostrarem antibíblicas.

Muitos pregadores, que nem sequer sabem o que é uma exegese, alegam usar as ferramentas necessárias para uma interpretação fiel. Por isso, é preciso, mesmo que brevemente, delinearmos alguns pressupostos da exegese.

O primeiro trabalho do pregador é realizar um estudo histórico da passagem. Esse estudo consiste em procurar definir, mediante as evidências extraídas da Bíblia ou de outras fontes, quem é o autor do livro, qual a data, local e ocasião em que o texto foi escrito e quais os seus destinatários.

O próximo passo é fazer um estudo contextual da passagem. Esse estudo consiste em se delinear o contexto histórico, os acontecimentos mais importantes do período próximo relacionados ao autor e destinatários; o contexto literário, tanto próximo quanto remoto da passagem; e a estrutura do contexto.

O último passo da exegese é realizar um estudo do texto. Nesse passo o exegeta precisará traduzir o texto original para a língua vernácula; definir o gênero literário, o que é muito importante para a correta interpretação, evitando alegorias indevidas; e definir a estrutura do texto. Além de ajudar a compreender a ordem do discurso, o estudo da estrutura do texto muitas vezes suscita as suas divisões naturais. Na seqüência faz-se necessário um estudo das palavras chaves, aspectos gramaticais, mensagem para a época da escrita e teologia do texto.

A exegese deve ser vista como um estudo minucioso que tem por propósito chegar à interpretação do texto para que seja possível fazer as devidas aplicações. Ela é um recurso teológico, histórico e gramatical, e não místico.

Vistas na Necessidade de Iluminação e Capacitação do Espírito Santo

O preparo acadêmico, todavia, não é suficiente. O pregador precisará do auxílio do Espírito Santo para interpretar e expor o texto sagrado. Os pregadores que desejam ser fiéis a Deus devem buscar falar da parte dele através de uma boa exegese do texto e da iluminação do Espírito Santo, a fim de falarem apenas o que o Senhor revelou nas Escrituras, nem mais nem menos.[36]

Como já foi dito, a transformação do coração humano não é operada mediante a eloqüência do pregador e, sim, pelo poder da Palavra de Deus, aplicado através do Espírito Santo. A atuação do Espírito não é apenas importante, mas indispensável na elaboração, entrega e recebimento da mensagem divina.

> Com respeito à importância da obra do Espírito na entrega da mensagem podemos afirmar que o sermão se inicia no gabinete pastoral antes de terminar no púlpito. Todo pregador responsável deve preparar-se previamente, tanto acadêmica quanto espiritualmente para pregar, ao invés de apenas proclamar: "O Senhor me revelou". Quando se afirma que o sermão começa no gabinete quer-se dizer que a mensagem é dinâmica e que o Espírito usa o preparo do mensageiro para que o sermão seja eficaz e fiel à Palavra. Paulo dependia do Espírito para pregar (Rm 15.19) e o próprio Senhor Jesus desempenhava seu ministério no poder do Espírito Santo (Lc 4.14).

Não se pode ignorar, também, que a eficácia da mensagem depende da atuação do Espírito tanto no mensageiro quanto no receptor. O ouvinte precisa se preparar para receber a mensagem. O fato de o Espírito Santo não mover o coração de alguém para atentar à mensagem bíblica não isenta essa pessoa de responsabilidade por não ter se preparado para recebê-la.

---

[36]GREIDANUS, Sidney. **O Pregador Contemporâneo e o Texto Antigo**. São Paulo: Editora Cultura Cristã, 2006, pp. 114-115.

A importância da atuação do Espírito Santo na pregação é encontrada em alguns textos como, por exemplo: *"porque o nosso evangelho não chegou até vós tão-somente em palavra, mas, sobretudo, em poder, no Espírito Santo e em plena convicção, assim como sabeis ter sido o nosso procedimento entre vós e por amor de vós. Com efeito, vos tornastes imitadores nossos e do Senhor, tendo recebido a palavra, posto que em meio de muita tribulação, com alegria do Espírito Santo"* (1 Ts 1.5-7).

E ainda, "*A eles foi revelado que, não para si mesmos, mas para vós outros, ministravam as coisas que, agora, vos foram anunciadas por aqueles que, pelo Espírito Santo enviado do céu, vos pregaram o evangelho, coisas essas que anjos anelam perscrutar*" (1 Pe 1.12-13).

Portanto, será que um exegeta ímpio pode interpretar um texto melhor do que um cristão leigo? Não há dúvidas de que uma pessoa que dispuser de ferramentas para a interpretação correta das Escrituras como conhecimento de hebraico e grego, uma teologia bíblica adequada, uma boa teologia sistemática e noções de isagoge terá amplas condições acadêmicas para extrair o ensino do texto. Por outro lado, alguém que apenas ore pedindo a iluminação do Espírito, mas não disponha dessas condições acadêmicas, poderá interpretar um texto erroneamente.

Apesar de Deus ter falado certa vez através da mula de Balaão (Nm 22), o modo natural de comunicar seus preceitos é através dos seus filhos e por meio de um preparo adequado destes para interpretar e expor a sua Palavra. Estes, além das condições técnicas, necessitam de condições espirituais para lidar com a Bíblia, devido à natureza divino-humana desta. Por isso *Orare et Labutare* deve ser o lema de todo o pregador fiel.

Por ser um livro dinâmico a Bíblia não pode ser estudada como um livro comum. Daí a necessidade da iluminação do Espírito para interpretá-la. Lutero também salientava a necessidade de se estudar e orar para se interpretar corretamente a Palavra do Senhor. É muito difícil alguém interpretar corretamente as Escrituras sem o auxílio do Espírito Santo.[37]

Vistas na Necessidade de Vida Espiritual da parte do Pregador

Tudo que se faz deve ser para o louvor do Senhor. No ministério da pregação não poderia ser diferente. Sendo assim, todo pregador fiel deve se esforçar para ser útil para a edificação dos crentes e o resgate dos perdidos. Mas, considerando que alcançar esses alvos é uma dádiva do Santo Espírito, o expositor bíblico deve depender do Senhor para interpretar e aplicar o texto sagrado; para tanto é necessário que ele se relacione com Deus.[38]

A vida do pregador é importante, primeiramente, porque ele prega com ela, com seu exemplo. Essa afirmação não se refere a algum método de oratória, mas ao fato das atitudes, muitas vezes, falarem mais alto que as palavras. Jesus Cristo ensinava seus discípulos dia-a-dia com suas palavras e ações.

O pregador deve se dispor e se preparar para ser apenas um instrumento do Senhor. E.M. Bounds afirma que pregação retórica, empolgante, inteligente, mas sem o poder do Espírito é mero acessório, assemelhando-se a flores que apenas servem para decorar o caixão.[39] Oswald Smith chama esse controle e influência do Espírito Santo na vida do pregador de "unção".[40]

Sobre isso, Oswald Smith afirma:

> Homens ungidos não se satisfazem com educação e treinamento. Eles sabem que precisam de algo mais... Assim, esperam na presença de Deus até que sejam revestidos com o poder do alto. Então

---

[37]LUTERO Apud. ANGLADA, Paulo. **Introdução à Hermenêutica Reformada**. Ananindeua: Knox Publicações, 2006, p. 82.

[38] SPURGEON, Charles, H. **Lições aos Meus Alunos vol.1**. São Paulo: PES, 1990, p. 194.

[39] BOUNDS, Edward, M. *op.cit.*, p. 16.

[40] SMITH, Oswald, J. **The Man God Uses**. London: Marshall, Morgan, & Scott, 1932, pp. 19-20.

eles saem e realizam mais em poucas semanas ou meses do que realizaram em anos, demonstrando o poder do Espírito Santo.[41]

Também sobre o assunto, afirma Bounds:

A pregação não é tarefa de uma hora. É a manifestação de uma vida. É preciso vinte anos para fazer um sermão, porque são necessários vinte anos para formar o homem. O verdadeiro sermão é uma obra de vida. O sermão evolui porque o homem se desenvolve. O sermão é poderoso, porque o homem é santo. O sermão está cheio de unção divina, porque o homem está cheio de unção divina.[42]

É impossível desassociar a prática da pregação da vida do pregador, pois o poder regenerador aplicado a partir da pregação não é humano, mas divino. E quanto mais conhece a Deus maiores condições o pregador terá para proclamar a verdade divina e ser instrumento para o desempenho do poder de Deus.

Segundo Broadus, os seguintes requisitos são exigidos para o pregador que deseja ser eficiente, louvando o Senhor com sua prédica: piedade, dotes naturais, conhecimento e perícia, nessa ordem. Esses requisitos se interligam, dependendo um do outro.[43]

Piedade é uma qualidade da alma, enraizada numa contínua experiência com Deus; é uma reverente dedicação à vontade divina. Piedade não é misticismo, ascetismo, ou extramundanismo, no sentido de um afastamento orgulhoso do mundo.[44]

A palavra traduzida por *"piedade"* vem de uma raiz que significa "recuar" diante de alguém ou de alguma coisa. Logo, significa reverência, santidade, temor a

---

[41]SMITH, Oswald, J. **The Man God Uses**. London: Marshall, Morgan, & Scott, 1932, pp. 19-20 [Tradução Minha].

[42]BOUNDS, Edward, M. *op.cit.* p. 7.

[43]BROADUS, John, A. **O Preparo e a Entrega de Sermões**. Rio de Janeiro: Casa Publicadora Batista, 1960, 7.

[44]Ibid, p. 7.

Deus, religiosidade (1Tm 4.7). Calvino definiu piedade como a reverência associada com o amor de Deus que nos faculta o conhecimento de seus benefícios.[45]

Da mesma forma como o sumo sacerdote carregava no peito a inscrição "Santidade ao Senhor" os pregadores devem pregar de forma que evidenciem realizar um trabalho com piedade, consagração a Deus. Isso será percebido pelos ouvintes se a pregação, além de fruto de um trabalho exegético, for resultado de "joelhos no chão".

É evidente a atuação do Espírito Santo na pregação de homens de oração como Moisés, Samuel e Daniel, daí a necessidade de vida espiritual da parte do pregador. O Senhor Jesus, por exemplo, se isolava no deserto para orar (Lc 5.16). Mesmo sendo Deus encarnado, Cristo dependia do Pai, por isso orava. Antes de comissionar os doze discípulos ele subiu ao monte para orar a sós (Lc 6.12). O Sermão do Monte foi precedido de uma vigília em oração (Lc 6.20-49). Ele também teve o cuidado de ensinar seus discípulos a orar (Lc 11.1). A oração também precedeu os anúncios de Jesus acerca do estabelecimento da igreja e da outorga das chaves do reino (Mt 16.18-19, Lc 9.18), assim como precedeu o anúncio da sua futura vinda e a transfiguração, conforme o relato de Lucas (Lc 9.18-35).[46]

Conforme Bounds, antes de se preocupar em elaborar um esboço, o ministro do evangelho deveria preparar o seu coração, e a melhor forma de se fazer isso é invocando o nome do Senhor. O preparo da alma é fundamental, independentemente do pregador usar ou não esboços em suas exposições. Orando e moldando o seu coração ao Senhor o pregador será cheio de inteligência e intrepidez.[47]

---

[45]CALVINO, João. **As Institutas vol.1. Edição especial com notas para estudo e pesquisa [tradução Odayr Olivetti]**São Paulo: Editora Cultura Cristã, 2006, p. 61.

[46]MaCARTHUR, Juan, JR. **El Redescubrimento de la Predicación Expositiva**. Nashville: Editorial Caribe, p. 88.

[47]BOUNDS, Edward, M. **Poder Através da Oração**. São Paulo: Imprensa Batista Regular, 1986, p. 65.

Homens que se dispõem a ser a voz de Deus não podem desassociar a tarefa de expor o texto sagrado do privilégio de orar, pois é difícil a missão de se falar de alguém com quem não se conversa. Quem não aprendeu a falar com o Senhor em favor dos homens não pode transmitir com fidelidade a mensagem divina a eles, pois dificilmente será usado pelo Espírito Santo nessas condições.

É inegável que todos os avanços na economia, política e cultura foram insuficientes para preencher o vazio no coração do homem natural, conseqüência do não cumprimento do propósito da sua existência: glorificar a Deus (Ec 12.13). Por isso, não há nada mais oportuno para esse mundo do que homens consagrados e habilitados para subir ao púlpito e pregar o evangelho.

Não há dúvida, portanto, de que a vida espiritual do pregador é tão importante quanto o seu preparo acadêmico. O preparo espiritual é o primeiro passo a ser dado. Antes de tudo a pessoa que se dispõe a pregar a Bíblia precisa conhecer o autor da Bíblia. Um pregador ímpio é comparável a um alcoólatra ensinando sobre abstinência. Quanto a isso, disse Swinnock: "É triste cair no inferno estando sob o púlpito, porém, que coisa terrível é cair de cima do púlpito para lá".[48]

Mas ser salvo não é o bastante. O pregador precisa ser habilitado para pregar, amar as Escrituras e ter uma vida de oração, para expor o ensino da Palavra Santa.[49] É muito difícil alguém interpretar corretamente as Escrituras sem o auxílio do Espírito Santo.

---

[48]SWINNOCK Apud. FISH, Henry, C. **Poder no Púlpito**. São Paulo, PES, p. 35.

[49]PITMAN, Robert, C. **Preparing the Preacher.** *In.*: **Preaching Magazine**. Franklin, USA, American Ministry Resources, September/Octobre, pp. 36-37, 2004 [Tradução Minha].

Vistas na Importância da Pregação Expositiva

O sermão expositivo deve ser conseqüência do trabalho exegético. A Pregação Expositiva é fruto do esmero do pregador em extrair o ensino do texto inspirado. É impossível pregar expositivamente, de modo correto, sem trabalho árduo. Spurgeon era de opinião que "o pregador tem urgente necessidade de estudar, pois o mestre de outros precisa instruir-se; e que subir ao púlpito normalmente despreparado é presunção imperdoável".[50] Mas antes de se argumentar sobre a importância da Pregação Expositiva é necessário conceituá-la diante as bases que foram argumentadas até aqui.

Há quem classifique os sermões em tópicos, textuais e expositivos. O sermão tópico seria aquele fundamentado em um tema, tendo suas divisões principais baseadas em textos diversos. O sermão textual teria suas divisões principais baseadas em um só texto, cuja perícope não deve ser maior do que quatro versos. Já a mensagem expositiva estaria baseada em um texto com mais de quatro versos.[51]

Segundo Greidanus, a expressão "pregação textual" surgiu para fazer distinção entre a pregação bíblica e uma pregação tópica que não fosse fruto de um trabalho exegético; a intenção da expressão nunca foi a de limitar o tamanho da perícope do texto estudado. Entretanto, a partir de um entendimento errôneo da expressão surgiu essa classificação de sermões mencionada acima.

Entendo que classificar sermões do modo acima apresentado pode trazer mais dificuldades ao pregador do que benefícios, pois ao se dar ênfase ao secundário esquece-se do principal. O essencial é que toda mensagem deve ser fruto de oração e labuta. Todo sermão deve refletir a proposição do texto sagrado. Para isso o pregador precisa entender a perícope, o contexto, a estrutura e as palavras chaves do

---

[50]SPURGEON, Charles, H. **Lições aos Meus Alunos vol.1**. São Paulo: PES, 1990, pp. .4-5.

[51]BRAGA, James. **Como Preparar Mensagens Bíblicas**. São Paulo: Editora Vida, 1997, pp. 17, 30 e 47.

texto. Ou seja, toda mensagem deve ser expositiva, no sentido de que toda pregação deve ser exposição fiel do texto inspirado, independente do estilo do pregador. Por exemplo, se um pregador quiser apresentar uma mensagem considerada tópica precisará fazer exegese de cada texto apresentado em suas divisões. Um sermão é expositivo independentemente da extensão da sua perícope.[52]

Ainda, conceituando Pregação Expositiva, ela não pode ser confundida com homilia. A confusão é feita porque quando é dito que os pregadores do século 16 pregavam expositivamente menciona-se que eles pregavam verso por verso. Mas embora a homilia tanto quanto a Pregação Expositiva façam uso da exposição verso por verso, esta última o faz sem negligenciar a estrutura exegética, o contexto e a perícope do texto.[53] Anglada afirma que os reformadores e também os puritanos pregavam seqüencialmente para não correrem o risco de pregarem seus textos prediletos, ou textos que apresentassem menores dificuldades.[54]

W. C. Ferreira escreveu, acerca do uso que Calvino fazia de sermões expositivos, o seguinte: "Em muitos casos, Calvino é um perfeito pregador expositivo, pois toma o texto e vai analisando e aplicando consecutivamente. Alguns dos seus sermões seriam modelos de Pregação Expositiva".[55]

Infelizmente, devido ao relativismo da cultura do mundo contemporâneo, a Pregação Expositiva não tem sido praticada em boa parte dos púlpitos evangélicos. Entretanto, as incertezas do mundo atual carecem de uma palavra de autoridade, embora a sociedade não admita isso. Paulo não hesitou em pregar a autoridade de Deus. O apóstolo elogiou os crentes tessalonicenses porque aceitaram sua mensagem

---

[52]GREIDANUS, Sidney. **Pregando a Cristo a partir do Antigo Testamento**. São Paulo: Editora Cultura Cristã, 2006, p. 263.

[53]Ibid., p. 263.

[54]ANGLADA, Paulo. **Introdução à Pregação Reformada**. Ananindeua: Knox Publicações, 2005, p. 148.

[55]FERREIRA, W.C. *op.cit.*, p. 164.

"... não como palavra de homens, e sim como, em verdade é, a Palavra de Deus, a qual, com efeito, está operando eficazmente em vós, os que credes" (1 Ts 2.13).

A autoridade das Escrituras, considerada no primeiro capítulo, é outro forte argumento em prol da Pregação Expositiva. O pregador deve ser fiel ao texto, expondo nada mais que o ensino do mesmo, pois o Espírito age nos corações através do texto sagrado e sua exposição fiel, e não a partir de argumentos meramente humanos.

Alguns estudiosos da arte de pregar associa Pregação Expositiva com pregar sequencialmente um livro ou carta das Escrituras, admitindo escolher as perícopes mais relevantes para a realidade de seus ouvintes.

Paulo Anglada enumera algumas vantagens em se desse modo, a saber: 1) Economiza o tempo do pregador; 2) É o método mais natural e razoável com relação a qualquer texto; 3) Tende a produzir maior fidelidade ao texto; 4) Propicia mensagens não meramente textuais, mas contextuais; 5) Permite a pregação de todo o conselho de Deus, fornecendo equilíbrio à pregação; 6) Favorece o crescimento do pregador e dos ouvintes na graça e no conhecimento da Bíblia.[56]

E embora não se possa limitar Pregação Expositiva a se expor toda perícope ou pregar em série, não há dúvidas de que quando se observa esses aspectos é mais fácil ser fiel na exposição, pregando todo o conselho de Deus.

Vistas na Necessidade de Uma Pregação Cristocêntrica

Um dos princípios elementares da Hermenêutica Reformada é que toda Pregação Expositiva é cristocêntrica. Em 1 Coríntios 2.2 Paulo escreveu: *"Porque decidi nada saber entre vós, senão a Jesus Cristo e este crucificado"*. O apóstolo

---

[56] ANGLADA, S. **Introdução à Pregação Reformada**. Ananindeua: Knox Publicações, 2005, p.146-149.

Paulo apresentava Cristo em todas as suas pregações. Ele não forçava nem adulterava o texto para pregar Cristo, mas o pregava porque ele é encontrado, direta ou indiretamente, em toda a Bíblia. O centro das Escrituras é Cristo e seu sacrifício. Todo o desenvolvimento da revelação se deu mediante este cerne, Cristo.

O princípio da Pregação Cristocêntrica foi defendido tanto na Reforma Protestante quanto no Movimento Puritano e teve como um dos seus defensores João Calvino, embora os sermões do reformador sejam conhecidos pelo termo mais amplo de "teocêntricos". Os princípios e a essência da pregação cristocêntrica podem ser extraídos das próprias palavras de Jesus: *"ninguém conhece o Filho, senão o Pai; e ninguém conhece o Pai, senão o Filho e aquele a quem o Filho o quiser revelar"* (Mt 11.27).

O puritano Isaac Ambrose resume a importância da Pregação Cristocêntrica da seguinte forma:

(1) Cristo é a verdade e substância de todos os tipos e sombras. (2) Cristo é a substância e a matéria do pacto da graça e de toda a sua administração; sob o Antigo Testamento, Cristo estava oculto; sob o Novo Pacto, Ele foi revelado. (3) Cristo é o centro e o ponto de convergência de todas as promessas; pois nele as promessas de Deus acham o sim e o amém. (4) Cristo é a realidade simbolizada, selada e exibida nas ordenanças do Antigo e do Novo Testamento. (5) As genealogias bíblicas são usadas para conduzir-nos à verdadeira linhagem de Cristo. (6) As cronologias da Bíblia mostram-nos os tempos e épocas de Cristo. (7) As leis bíblicas são nosso mestre-escola para levar-nos a Cristo: as leis morais corrigindo; as leis cerimoniais apontando. (8) O evangelho da Bíblia é a luz de Cristo, mediante a qual nós O ouvimos e O seguimos... as cordas do amor de Cristo, por meio das quais somos enlaçados a uma doce união e comunhão com Ele; sim, o próprio poder de Deus para a salvação de todo aquele que crê em Cristo Jesus. Portanto, devemos pensar em Cristo como a substância, a essência, a alma e o escopo de toda a Bíblia.[57]

Diante do exposto a respeito de Pregação Cristocêntrica é impossível se interpretar corretamente as Escrituras a não ser pelo entendimento de que a Bíblia é uma unidade cristocêntrica. Portanto, sermão cristocêntrico é sinônimo de pregação bíblica, pregação fiel.

---

[57]ANGLADA, Paulo. **Introdução à Hermenêutica Reformada**. Ananindeua: Knox Publicações, 2006, p. 100.

A Pregação Cristocêntrica tem tudo a ver com o progresso ou a história da redenção. Apesar dos diferentes critérios adotados para se determinar as citações ou alusões ao Antigo Testamento no Novo, o número dessas citações ou alusões é bastante significativo. Conforme Walter Kaiser, há 224 citações do Antigo Testamento no Novo, fora as citações indiretas.[58] E, conforme Hill, 32% do Novo Testamento constituem-se em citações ou alusões ao Novo Testamento.[59]

Esse conceito de história da redenção ou revelação progressiva liga Cristo a acontecimentos do Antigo Testamento. S. Greidanus enumera alguns exemplos claros disso. Mateus iniciou seu evangelho com uma genealogia de Jesus. Nessa genealogia o evangelista liga Jesus a Davi e também a Abraão. Lucas, por sua vez, remonta a genealogia de Jesus até Adão, elucidando o conceito defendido por Paulo de que Jesus, a exemplo de Adão, é nosso representante legal. Cristo é o segundo Adão (Rm 5.12-14).[60]

A história da redenção consiste, também, numa história unificada. As narrativas do Antigo Testamento, por exemplo, podem ser entendidas como história pessoal e nacional, mas é impossível não vê-las como história redentora.[61]

Contudo, se fala de um sermão cristocêntrico faz-se referência não a um método, meramente, mas a uma interpretação correta, centrada em Deus, e não no homem. Também para se interpretar corretamente o texto inspirado, cristocentricamente, é necessário que se recorra ao Espírito de Deus.

---

[58]KAISER, Walter, C. **An Introduction to Biblical Hermeneutics**. Grand Rapids, Zondervan Publishing House, p. 216.

[59]HILL, A.E. **A Survey of the Old Testament**. Grand Rapids: Zondervan, 1991, p. 435.

[60]GREIDANUS, Sidney. **Pregando Cristo a partir do Antigo Testamento**. São Paulo: Editora Cultura Cristã, 2006, pp. 233-234.

[61] Ibid., pp. 268-271.

Em suma, toda pregação fiel mostra o contexto redentor das Escrituras, o que não quer dizer que Cristo seja mencionado diretamente em todo e qualquer texto. Portanto, todo sermão deve ser cristocêntrico.[62]

Um dos maiores indicativos da urgência de uma retomada da pregação cristocêntrica é o pragmatismo visto na igreja contemporânea. Apesar dos pregadores atuais terem acesso a um grande número de ferramentas, os púlpitos em nossos dias parecem passar por um período de pobreza de instrução bíblica.

Muitos pregadores hoje não assumem o compromisso de confrontar o pecado através das Escrituras. Ao contrário, muitos preferem se preocupar mais com os resultados visíveis, com o que agrada às pessoas, do que pregar o que é necessário para uma genuína transformação de conduta.

Gene Edward Veith Jr expressou essa verdade da seguinte forma:

> Temos uma geração pouco interessada em argumentos racionais, pensamento linear, sistemas teológicos; e mais interessada em encontrar o sobrenatural. Em conseqüência, os freqüentadores operam com um paradigma de espiritualidade diferente. O velho paradigma ensinava que se você receber a instrução certa vai experimentar Deus. O novo paradigma diz que se você experimentar Deus vai receber a instrução certa.[63]

A situação norte-americana descrita por Veith é bastante evidente também em nosso país. Apesar de se estar numa época de muita informação, o nível cultural em nosso país é ainda insatisfatório. Por isso, as pessoas não estão acostumadas a conferir ou questionar o que aprendem. Mas, ainda, é necessário considerar-se que o Brasil é profundamente místico. Esse misticismo não se limita ao Candomblé. Ele é visto até mesmo em círculos evangélicos, em que os fiéis estão mais preocupados com aquilo que alguém vai "revelar" do que com o que é prescrito pelas Escrituras.

---

[62]CHAPELL, Bryan. **Pregação Cristocêntrica**. São Paulo: Editora Cultura Cristã, 2002, p. 309.

[63]VEITH JR, G.E. Apud LOPES, Hernandes, D. *op.cit.*, p. 81.

Contudo, segundo H.W. Robinson, há mais aspectos envolvidos no pragmatismo religioso. Esse pragmatismo consiste em não preocupar-se com os meios para se obter crescimento numérico da igreja. Os princípios bíblicos são renegados a segundo plano ou são adulterados, muitas vezes. Segundo ele, o pragmatismo e declínio da pregação podem ser sumarizados nos seguintes pontos: Imensa falta de vitalidade espiritual da igreja; a mudança da imagem do pregador; a perda de confiança nas Escrituras; a falta de bons modelos na arte da pregação; a democratização da heresia; a baixa expectativa da congregação e o atual contexto social.[64]

A falta de vitalidade espiritual da igreja se dá, naturalmente, pelo fato de ela se distanciar da sua natureza. A igreja está se distanciando do seu propósito de evangelizar e de edificar os crentes para tornar-se mais uma instituição que atenda e resolva os anseios de toda sorte. Como uma empresa, seu interesse passou a ser o de satisfazer o cliente, visto que ele pode migrar para outro grupo. Ao invés da igreja entender o mundo globalizado para lhe comunicar com eficácia a mensagem do evangelho, prefere aderir aos conceitos tanto do individualismo como do pragmatismo do mundo globalizado.

Enfim, o pregador, na prática, não é mais visto como um servo de Deus comissionado para exercer prioritariamente o trabalho de expor com fidelidade e relevância as Escrituras. Ele é considerado o gerente da igreja que atende os anseios dos clientes. E como as pessoas estão mais interessadas em suas necessidades físicas do que nas espirituais, mesmo porque estão mortas para essas questões, muitos pregadores têm mudado o foco de seu ministério. Haselden descreve esse quadro da seguinte forma:

> ... o pastor surge como 'um compósito insípido' da congregação: como escoteiro agradável, sempre prestativo, sempre pronto para ajudar; como o querido das senhoras idosas e como

[64]ROBINSON, Haddon, W. **Pregação Bíblica. O desenvolvimento e a entrega de sermões expositivos**. São Paulo, Shedd Publicações, 2003, pp. 17-18.

suficientemente reservado com as mais jovens; como a imagem paternal para os moços e companheiro para os homens solitários; como o cordial recepcionista afável nos chás e nos almoços dos clubes cívicos.[65]

O problema não está no fato do pregador ser agradável, prestativo e ter vida social com suas ovelhas, mas, sim, em não dar prioridade àquilo que é prioritário em seu ministério, que é expor as Escrituras. O tempo que o pregador deve investir no estudo das Escrituras não deve ser perdido em atividades sociais sem propósito, que escondem a ociosidade atrás de uma xícara de café. Haselden acrescenta que se sua descrição da imagem contemporânea do pastor estiver correta, mesmo que as pessoas gostem dele como pessoa ele não será respeitado como pastor.[66]

Todas essas falhas ocorrem pela tentativa da igreja de moldar-se ao mundo, pregando uma mensagem antropocêntrica ao invés de cristocêntrica. Por isso, infelizmente, as Escrituras têm ficado em segundo plano em muitos círculos evangélicos. Daí Lloyd-Jones alegar que "a necessidade mais urgente na igreja cristã hoje é a pregação autêntica; por ser a necessidade maior e mais urgente da igreja é, evidentemente, a maior necessidade do mundo".[67] O fato é que a igreja não tem observado as palavras do apóstolo Paulo: *"E não vos conformeis com este século, mas transformai-vos pela renovação da vossa mente, para que experimenteis qual seja a boa, agradável e perfeita vontade de Deus"* (Rm 12.2).

Todos esses aspectos comentados implicam também outras razões para a decadência da pregação, já citadas: a perda de confiança nas Escrituras; a falta de bons modelos na arte da pregação; a democratização da heresia; a baixa expectativa da congregação e o contexto social atual. Como que num círculo vicioso, um ponto

[65]HASELDEN, Kyle. **The Urgency of Preaching**. New York: Haper & Row, 1963, p. 88 [Tradução Minha].

[66]Ibid, p. 89

[67]LLOYD-JONES, D. Martyn. **Pregação e Pregadores**. São José dos Campos: Editora Fiel, p. 7.

leva ao outro, com o que a igreja tem sido descaracterizada e a pregação negligenciada.

Diante da violência, injustiças sociais e imoralidade do mundo e esse quadro que assola grande parte dos púlpitos, fica evidente a grande necessidade de que os púlpitos estejam repletos de exposições fiéis das Escrituras. Pois o púlpito não é uma plataforma de relações públicas, mas um trono de onde todo o conselho de Deus deve ser proclamado fielmente na autoridade do Espírito Santo.

Vistas na Importância da Aplicação

A relevância da mensagem bíblica fica mais evidente a partir de uma boa aplicação. Pode-se afirmar que a pregação não é meramente a proclamação da verdade, e sim a aplicação da verdade, conforme Jay Adams.[68]

A Pregação Expositiva consiste em explanação e aplicação de uma passagem da Escritura. Sem explicação não é expositiva; sem aplicação não é pregação, afirma Parker.[69] E Anglada conclui que com o mesmo esmero com que o pregador extrai a mensagem genuína do texto bíblico deve, também, tornar a mensagem aplicável à sua congregação, sem, contudo, adulterar o seu sentido original.[70]

O apóstolo Paulo adaptava suas pregações ao público e à ocasião. Em Listra, diante de idólatras e incultos, usou uma linguagem simples (At 16.1-5). Em Atenas, no Areópago, usou argumentos e linguagem refinados (At 17.16-31).

Escrevendo sobre a aplicação do sermão, diz Calvino:

> Se eu subir ao púlpito sem haver me dignado a considerar o texto e, de maneira frívola, imaginar 'Tudo bem! Na hora Deus me dará o suficiente que falar', e não me der ao trabalho de ler ou pensar

---

[68]ADAMS, Jay. **Truth Applied: Application in Preaching**. Grand Rapids: Zondervan, 1990, p. 39.

[69] PARKER, T.H.L. *op.cit.* p. 49.

[70] ANGLADA, P. **Introdução à Hermenêutica Reformada**. Ananindeua: Knox Publicações, 2006, p.130.

sobre o que desejo falar, e vier aqui sem ponderar cuidadosamente sobre como deverei aplicar as Escrituras Sagradas para a edificação do povo – bem, então eu não passarei de um grande charlatão, e Deus me deixará em confusão na minha audácia.[71]

Para fazermos uma boa aplicação é necessário entender qual foi o propósito do escritor bíblico e de que forma ele enfoca a condição pecaminosa da humanidade. Conforme já considerado, a exegese e a atuação do Espírito Santo são fundamentais para isso.

Calvino era simples e direto nas suas aplicações. R. Lewis apresenta o seguinte acerca das aplicações que Calvino fazia em suas exposições:

Seus sermões espontâneos demonstram preocupação com todos os aspectos das relações humanas, com muita energia despendida em questões sociais[...]Seus sermões não têm humor nem imaginação [sic], porém suas palavras simples, breves e diretas são adequadas aos ouvintes simples de sua pregação diária. Ele usa exemplos da fazenda, vinicultura, cozinha e vida urbana com expressões vigorosas, analogias, provérbios e diálogos realistas[72].

Uma boa aplicação faz uso de exemplos do dia-a-dia, de modo que a mensagem do texto bíblico fique clara. Este elemento do sermão serve para simplificar e não para entreter ou tirar o foco do texto exposto.

Robinson fala a respeito da importância do pregador salientar à congregação a grande ideia do texto, antes de fazer sua aplicação. Ele ilustra isso dizendo que um sermão deve ser uma bala e não um chumbo grosso.[73] Algumas perguntas como "por que o autor escreveu o livro?" e "qual o efeito que o texto ocasionou no destinatário original?" podem ajudar o pregador a ser fiel à intenção do texto sagrado.[74]

---

[71] *Ibid.*, p. 81.

[72]LEWIS, Ralph. **Pregação Indutiva.** São Paulo; Editora Cultura Cristã, 2003, pp. 297-298.

[73]ROBINSON, Haddon, W. **Pregação Bíblica – O Desenvolvimento e a Entrega de Sermões Expositivos.** São Paulo: Shedd Publicações, 2003, p. 37.

[74]GREIDANUS, Sidney. **O Pregador Contemporâneo e o Texto Antigo.** São Paulo: Editora Cultura Cristã, 2006, p. 148.

O conceito de revelação progressiva também é fundamental para se fazer uma boa aplicação. É importante que o pregador conheça o desenvolvimento que a história da redenção teve nas Escrituras, a fim de que o texto sagrado seja visto como uma unidade e seja corretamente interpretado e aplicado.

Entretanto, é impossível estudar o grupo a quem o sermão será pregado sem se entender o contexto do mundo atual, do mundo globalizado. A cada vinte anos o conhecimento científico e tecnológico dobra, crescendo assustadoramente. Meu professor Jerram Barrs entende que, talvez, os pastores precisem, de tempo em tempo, de convivência com alunos em ambientes universitários para conhecer o vocabulário de seu tempo.[75] Assim, conhecendo o mundo contemporâneo e interpretando corretamente o texto sagrado poderão pregar de modo que os termos escriturísticos não sejam linguagem obscura, mas preencham, mediante a atuação do Espírito Santo, a lacuna do coração do homem, respondendo as indagações humanas e comunicando claramente o propósito da nossa existência: glorificar a Deus e desfrutá-lo para sempre.

Considerando que aplicar a mensagem bíblica é traduzir fielmente em termos práticos o ensino do texto e sua importância para o tempo atual, Doriani afirma que se o pior crime do pregador é o de promover a heresia, o penúltimo pior é tornar a fé maçante.[76]

Muitas pessoas desassociam a pregação bíblica da praticidade. No entanto, é incoerente falar de pregação bíblica sem fidelidade e praticidade. A pregação fiel das Escrituras consiste em não desassociar a relevância da mensagem para o mundo

[75]BARRS, Jerram. **A Essência da Evangelização**. São Paulo: Editora Cultura Cristã, 2004, p. 131.

[76]DORIANI, Dan. **A Verdade na Prática**. São Paulo: Editora Cultura Cristã, 2007, p. 115.

contemporâneo da mensagem original do autor. Para isso, o pregador necessita do Espírito tanto para interpretar o texto quanto para aplicá-lo à sua congregação.[77]

Defendendo a ideia de que a causa de muitos cristãos norte-americanos viverem de modo incoerente com as Escrituras é a irrelevância dos sermões pregados pela maioria dos pregadores. Bryan Chapell enumera algumas das funções da aplicação do sermão, das quais se podem destacar duas.[78]

A primeira é que a aplicação cumpre os objetivos da exposição. A pregação não tem o propósito de exibir a erudição do pregador, ou apenas dirimir as dificuldades do texto. Um sermão, por mais fiel que tenha sido ao texto bíblico, se não tiver aplicação não cumpre o seu propósito.[79]

Outra função é justificar a exposição. Um sermão não deve ser pregado apenas porque é domingo, ou porque o texto jamais foi exposto pelo pregador, mas deve ser pregado para transmitir uma mensagem específica. Portanto, a aplicação à realidade da congregação, ou às diversas situações representadas pelos ouvintes, deixa clara a necessidade por que determinado sermão teve de ser exposto.

O fato é que informação sem aplicação gera frustração. Um sermão bem elaborado carece de aplicação boa e apropriada. O trabalho exegético não deve ser desperdiçado com a ausência de aplicação. As pregações não devem consistir de mero trabalho informativo, pois é inteiramente possível e necessário conciliar academicismo com praticidade.[80]

Portanto, a Bíblia tem resposta para as indagações humanas, desde que se entenda o contexto contemporâneo e se apliquem cuidadosamente os princípios

---

[77]ANGLADA, Paulo. **Introdução à Hermenêutica Reformada**. Ananindeua: Knox Publicações, 2006, 130.

[78]CHAPELL, Bryan. *op.cit.*, p. 217.

[79]Ibid., p. 217

[80]CHAPELL, Bryan. *op.cit.*, p. 51.

bíblicos à realidade da época. Também, para isso, é necessário entender o conflito entre gerações (Ml 4.5-6) e as diferentes cosmovisões possivelmente existentes em uma congregação para se comunicar e aplicar com clareza a Palavra do Senhor.[81]

Enfim, tanto a necessidade de uma Pregação Expositiva como a importância de uma aplicação simples e direta se dão pela premissa de que a fiel exposição das Escrituras também é Palavra de Deus. Portanto, pregar o texto sagrado representa um grande privilégio, mas também uma grande responsabilidade.

---

[81]LARSEN, Samuel, H. **Globalização - Parte I**. São Paulo: CPAJ, 2008, p. 31 (Obra não publicada).

CONCLUSÃO

Ao concluir esta pesquisa, vêm à tona o fato de a Bíblia ser a revelação de Deus para a humanidade e a importância de homens, devidamente habilitados, interpretarem-na corretamente. Ser incumbido para esse ministério é um tremendo privilégio e uma imensa responsabilidade, por ser a pregação uma grande necessidade para a igreja e para o mundo.

Enfatizamos neste livro que a Pregação Expositiva é aquela que é revestida da autoridade de Deus por ser a explicação da revelação especial e o veículo para a transformação de vidas, e essa autoridade não é intrínseca a ela, mas decorrente da inspiração das Escrituras. Essa premissa foi evidenciada por princípios extraídos do Antigo e Novo Testamentos e, também, a partir da prática eclesiástica representada por pregadores de grande expressão ao longo da história.

Foram consideradas também algumas implicações da "Pregação Como Palavra de Deus". Pudemos observar que, devido à natureza divina da pregação, não é qualquer pessoa que pode se colocar como voz de Deus. É necessário uma dotação divina e, mesmo no caso de alguém pregar esporadicamente, sem exercer a função de pregador, se faz necessária uma autorização para tal tarefa.

Outra implicação considerada foi a necessidade de uma correta interpretação do texto sagrado, que consiste em um trabalho ao mesmo tempo acadêmico e espiritual. O Espírito de Deus transmite a vontade divina através da interpretação correta do texto bíblico, mediante o trabalho da exegese e da oração feitos pelo pregador.

A importância da Pregação Expositiva foi apresentada, também, como uma dessas implicações. Conceituou-se Pregação Expositiva como aquela que tem o propósito de apresentar o significado original do texto, resultado de uma exegese, independentemente da extensão da perícope, considerando o seu contexto e aplicando-o aos ouvintes contemporâneos. A Pregação Expositiva não é um método, é uma visão correta da essência da pregação, um compromisso assumido pelo pregador. Todo sermão fiel é expositivo, independentemente do estilo do pregador.

O relativismo da cultura do mundo contemporâneo e a autoridade das Escrituras foram mostrados como argumentos em prol da apresentação de sermões expositivos. A Bíblia confronta nossa era e responde satisfatoriamente suas indagações.

A interpretação correta das Escrituras será sempre cristocêntrica. Essa é uma das implicações da pregação ser Palavra de Deus. A pregação cristocêntrica foi conceituada como uma pregação que ressalta que a Bíblia é uma revelação progressiva que apresenta a história da redenção contrapondo-se à pregação antropocêntrica tão praticada hoje em dia. Consideramos que mesmo um texto que não apresenta o sacrifício vicário de Cristo claramente poderá fazer referência a ele em sua aplicação, considerando que o Senhor Jesus é o cerne de toda a Escritura. Ainda, se argumentou que a importância de se pregar um sermão cristocêntrico se dá pelo fato da regeneração ser efetuada no coração dos ouvintes a partir da mensagem de Cristo.

Finalmente, como uma última implicação, foi apresentada a importância da aplicação, pois é incoerente falar de pregação bíblica sem fidelidade e praticidade. A pregação fiel das Escrituras consiste em não desassociar a relevância da mensagem para o mundo contemporâneo da mensagem original do autor.

Que a natureza, relevância e urgência da pregação fiel das Escrituras, Pregação Expositiva, conduzam os homens dotados para expor o texto sagrado a um trabalho zeloso, que leve o mundo a conhecer a Deus e, a igreja, à edificação. E que, assim, Deus seja louvado.

REFERÊNCIAS BIBLIOGRÁFICAS

ADAMS, Jay. **Truth Applied: Application in Preaching**. Grand Rapids: Zondervan, 1990.

ANGLADA, Paulo. **Introdução à Hermenêutica Reformada**. Ananindeua: Knox Publicações, 2006.

_______________ **Introdução à Pregação Reformada**. Ananindeua: Knox Publicações, 2005.

BARRS, Jerram. A **Essência da Evangelização**. São Paulo: Editora Cultura Cristã, 2004.

BOUNDS, Edward. M. **Poder Através da Oração**. São Paulo: Imprensa Batista Regular, 1986.

BRAGA, James. **Como Preparar Mensagens Bíblicas**. São Paulo: Editora Vida, 1997.

BROADUS, John. A. **Historia de la Predicacion**. El Paso: Casa Bautista de Publicaciones.

CALVIN, John. **Commentary on the Acts of the Apostles**. Oregon: Ages, 1998.

______________ **Commentary on the Book of the Prophet Isaiah**, vol. iv. **Calvin's Commentaries**, vol. VIII. Grand Rapids: Baker Books, 2003.

CALVINO, João. **As Institutas - Edição especial com notas para estudo e pesquisa,** vols.1 e 2. [tradução Odayr Olivetti]. São Paulo: Editora Cultura Cristã, 2006.

________________ **Instrução na Fé**. Goiânia: Editora Logos, 2004.

________________ **Romanos.** São Paulo: Edições Paracletos, 1997.

CHAPELL, Bryan. **Pregação Cristocêntrica**. São Paulo: Editora Cultura Cristã, 2002.

CHEUNG, Vicent. **A Bíblia, O Pregador e o Espírito**. Boston: Reformation Ministries International, 2006.

CONFISSÃO de Fé, O Catecismo Maior, O Breve Catecismo. São Paulo: Casa Editora Presbiteriana, 1991.

D'AUBIGNÉ, J.H.M. **The Reformation in England,** vol.2. Edinburgh: The Banner of Truth Trust, 1994.

DORIANI, Dan. **A Verdade na Prática**. São Paulo: Editora Cultura Cristã, 2007.

FANT, C.E. *20 Centuries of Great Preaching*. *In*: **Encyclopedia of Preaching** vol.2. Waco: Word Books, 1971.

FERREIRA, W.C. **Calvino: Vida, Influência e Teologia**. Campinas: Luz Para o Caminho, 1990.

FISH, Henry. C. **Poder no Púlpito**. São Paulo, PES.

GREIDANUS, Sidney. **O Pregador Contemporâneo e o Texto Antigo**. São Paulo: Editora Cultura Cristã, 2006.

_______________ **Pregando Cristo a Partir do Antigo Testamento**. São Paulo: Editora Cultura Cristã, 2006.

GUFFIN, Gilbert. L. **Called of God**. Boston: Christopher Publishing House, 1951.

HASELDEN, Kyle. **The Urgency of Preaching**. New York: Harper & Row, 1963.

KAISER, Walter. C. **An Introduction to Biblical Hermeneutics.** Grand Rapids: Zondervan Publishing House.

KIDNER, Derek. **Esdras e Neemias, Introdução e Comentário**. São Paulo: Edições Vida Nova.

LARSEN, Samuel. **Anotações de sala de aula no curso Ministério Pastoral no Mundo Globalizado.** São Paulo: CPAJ, 2008.

LARSEN, David. L. **The Anatomy of Preaching**. Grand Rapids: Kregel Publications, 1999.

LEWIS, Ralph. **Pregação Indutiva.** São Paulo: Editora Cultura Cristã, 2003.

LLOYD-JONES, D. Martyn. **Pregação e Pregadores**. São José dos Campos: Editora Fiel, 1998.

LOPES, Hernandes. D. **A Importância da Pregação Expositiva para o Crescimento da Igreja.** São Paulo: Editora Candeia, 2004.

LUTERO, Martinho. **Obras Selecionadas,** vol.7. São Leopoldo: Editora Sinodal, 2000.

MaCARTHUR, Juan. Jr. **El Redescubrimiento de la Predicación Expositiva**. Barcelona: Editorial Caribe, 1996.

MaCARTHUR, John. Jr. **Rediscovering Pastoral Ministry**. Dallas: Word Publishing, 1995.

______________________. **Rediscovering Expository Preaching**. Dallas: Word Publishing, 1992.

MICHAEL F. ROSS. **Preaching Revitalization**. Scotland: Mentor, 2006.

PARKER, T.H.L. **Calvin's Preaching** – Lousville: John Knox Press, 1992.

PITMAN, Robert. C. Preparing the Preacher – **Preaching Magazine**. Franklin, USA, American Ministry Resources, September/Octobre, 2004.

ROBINSON, Haddon. W. **Pregação Bíblica – O Desenvolvimento e a Entrega de Sermões Expositivos**. São Paulo: Shedd Publicações, 2003.

SANGSTER, William. E. **The Craft of Sermon.** Londres: Epworth, 1954.

SCHREITER, Robert. J. **A Nova Catolicidade**. São Paulo: Edições Loyola, 1998.

SMITH, Oswald. J. **The Man God Uses**. London: Marshall, Morgan, & Scott, 1932.

SPURGEON, Charles. H. **Lições aos Meus Alunos,** vol.1. São Paulo: PES, 1980.

________________ **Lições aos Meus Alunos,** vol.2. São Paulo: PES, 1980.

STUART OLYOTT. **Pregação Pura e Simples**. São José dos Campos: Fiel, 2008.

SUGEL MICHELÉN. **Da Parte de Deus e na Presença de Deus**. São José dos Campos: FIEL, 2018.

VINES, Jerry. **Power in the Púlpit**. Chicago: Moody, 1999.

WIERSBE, Warren. W. **Preaching and Teaching with Imagination**. Grand Rapid: Baker, 1994.

Printed by Books on Demand GmbH, Norderstedt / Germany